30 Avril 1883

V

VENTE

DU LUNDI 30 AVRIL 1883

HOTEL DROUOT, SALLE N° 4

A 2 HEURES.

TABLEAUX MODERNES

PAR

Troyon, Diaz, Courbet, Isabey, Verlat, J. Stevens,
De Dreux, Gudin, P. Van Schendel, &c., &c.

TABLEAUX ANCIENS

BEAUX PORTRAITS — PEINTURES DÉCORATIVES

BRILLANTS — ARGENTERIE — BRONZES

Meubles — Ouvrages à figures

COMMISSAIRE-PRISEUR	EXPERT
Me ROUSSEAU	**M. Ch. GEORGE**
10, rue Richer, 10.	12, rue Laffitte, 12.

EXPOSITION

Dimanche 29 Avril 1883, de 1 heure à 5 heures.

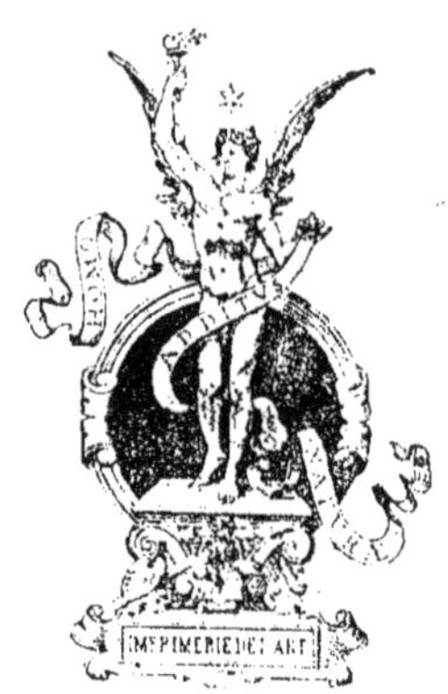
IMPRIMERIE DE L'ART

CATALOGUE

DE

TABLEAUX MODERNES

PAR

Troyon, Diaz, Isabey, Decamps, Fichel, Ch. Verlat
Roybet, J. Stevens, Courbet, A. de Dreux
Flers, T. Gudin, Le Poittevin, P. Van Schendel, Villa-Amil

TABLEAUX ANCIENS

BEAUX PORTRAITS DU XVIIIe SIÈCLE

PEINTURES DÉCORATIVES

BRILLANTS — BIJOUX

Argenterie — Porcelaines

Bronzes — Miniatures — Cartel Louis XVI — Livres — Ouvrages à figures

MEUBLES

DONT LA VENTE AURA LIEU

HOTEL DROUOT, SALLE N° 4

LE LUNDI 30 AVRIL 1883, A DEUX HEURES

COMMISSAIRE-PRISEUR	EXPERT
Me ROUSSEAU	**M. GEORGE**
10, rue Richer, 10	12, rue Laffitte, 12

EXPOSITION : Le Dimanche 29 Avril 1883

DE UNE HEURE A CINQ HEURES

CONDITIONS DE LA VENTE

Elle sera faite au comptant.

Les adjudicataires payeront *cinq pour cent* en sus des enchères.

L'exposition mettant le public à même de se rendre compte de l'état des objets, il ne sera admis aucune réclamation une fois l'adjudication prononcée.

Paris. — Imprimerie de l'Art, J. Rouam, 41, rue de la Victoire.

TABLEAUX MODERNES

APPIAN

1 — *Paysage.*

CASTIGLIONE

2 — *Buste de Femme en costume espagnol.*

CORMON

3 — *La plus belle au plus vaillant.*

COURBET

4 — *Femme nue.*

COURT

5 — *Jeune Fille.*

Pastel.

DALTON

6 — *Levrette couchée.*

DASTUGUE

(MAXIME)

7 — *Paysans sous bois.*

DECAMPS

8 — *Le Chasseur.*

Signé des initiales.

DE DREUX

(ALFRED)

9 — *Cavalier franchissant un ruisseau.*

DELAVAL

(A.)

9 *bis.* — *Idylle.*

DIAZ

10 — *Femme orientale.*

FICHEL

11 — *Les Joueurs d'échecs.*

Signé et daté : *1859.*

FLERS

12 — *Pâturage.*

FLERS

13 — *Moulin à eau.*

GUDIN

(THÉODORE)

14 — *Scène de naufrage; la nuit.*

15 — *Marine. Soleil couchant.*

ISABEY

(E.)

16 — *Une Plage.*

Signé et daté : *1829.*

ISABEY

17 — *Intérieur breton.*

Aquarelle.

JAZET

18 — *Intérieur.*

Dessin à la sépia.

LE POITTEVIN

(E.)

19 — *Pêcheurs au repos.*

LIESTE

(CORNEILLE)

20 — *Paysage. Le Passage du gué.*

NAUDIN

(JULES)

21 — *Le Moineau de Lesbie.*

Salon de 1877.

ROYBET

22 — *La Petite Liseuse.*

SCHENDEL

(PIERRE VAN)

23 — *Scène de marché, la nuit.*

Signé.

STEVENS

(J.)

24 — *Le Singe.*

TESSON

(L.)

25 — *La Lessiveuse.*

TROYON

26 — *La Petite Gardeuse d'oies; sortie de la ferme.*

Signé : *C. Troyon.*

VALLÉE

26 *bis.* — *Étude de chien.*

Dessin.

VERLAT

(CHARLES)

27 — *Le Chat sur la croisée.*

Signé et daté : *1856.*

VILLA-AMIL

(GENARO PEREZ DE)

28 — *Marché devant une église d'Espagne.*

Signé et daté : *1836.*

XAVIER

(Signé)

29 — *Scène de brigands.*

TABLEAUX ANCIENS

BASSAN

30 — *Ivresse de Noé.*

BAUDOIN

(Attribué à)

31 — *Deux petites gouaches; scènes Louis XV.*

BOUCHER

(École de FR.)

32 — *La Bergère endormie.*

33 — *Le Message amoureux.*

BYE

(G.)

34 — *La Marchande de gibier.*

Signé : *G. R. Bye.*

DROLLING

35 — *Laboratoire d'apothicaire.*

DROUAIS

(FRANÇOIS-HUBERT)

36 — *Portrait d'une dame.*

Elle est vue presque de face, assise dans un fauteuil, ses cheveux poudrés sont ornés d'un ruban et d'une dentelle de nuances assorties au costume ; robe décolletée gris perle, avec dentelle et rubans verts ; de sa main gauche elle tient un éventail.

Collection de M. le comte de la Béraudière.

Toile ovale. Haut., 80 cent.; larg., 65 cent.

DUPLESSIS

(J. SIFREDE)

37 — *Portrait de Louis XVI dans sa jeunesse.*

Il est vu de face, à mi-corps, portant le cordon bleu, la plaque du Saint-Esprit et la Toison d'or sur un habit de velours rose, la main droite passée dans son gilet; les cheveux sont poudrés et relevés selon la mode des premières années du règne.

Gravé par N. Le Mire.

Collection de M. le comte de la Béraudière.

Toile ovale. Haut., 80 cent.; larg., 65 cent.

EVERDINGEN

(A. VAN)

38 — *Bateaux sur une mer houleuse.*

Signé sur une barque.

FYT (?)

39 — *Oiseaux morts et gibier.*

HOOGH

(Attribué à P. de)

40 — *La Dentellière.*

LANCRET

(École de)

41-44 — *Suite de quatre tableaux, les quatre heures du jour.*

LAQUY

(G. JOSEPH)

45 — *Intérieur hollandais.*

Signé et daté : 1775.

LARGILLIÈRE

(Attribué à)

46 — *Portrait de jeune femme tenant des fleurs.*

MARINI

(ANTONIO)

47 — *Paysage avec cavaliers.*

Signé et daté.

MIERIS

(Attribué à)

48 — *Enfant tenant une cage.*

RAOUX

(Attribué à)

49 — *Le Concert.*

SWEBACH

(ÉDOUARD)

50 — *Course de chevaux.*

VERBRUGGEN

(GASPARD-PIERRE)

51 — *Peinture décorative, en hauteur.*

Vase et guirlandes de fleurs, perroquet, oiseaux, etc.

Beau tableau signé en toutes lettres.

VOS

(PAUL DE)

52 — *Lâchant la proie pour l'ombre.*

ZAFT-LEVEN

(HERMAN)

53 — *Les Bords du Rhin.*

Peinture sur cuivre.

ÉCOLE ITALIENNE

54 — *Fruits.*

55 — Plusieurs tableaux sous ce numéro.

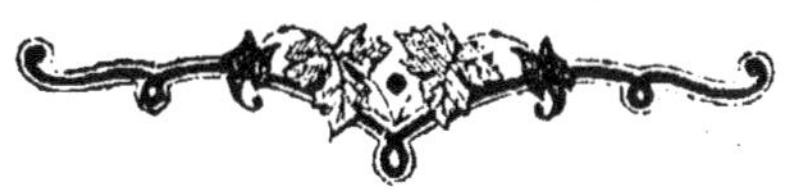

OBJETS D'ART ET DE CURIOSITÉ

56 — Jolie miniature : Louis XV jeune (?). Cadre en bronze.

57 — Émail. Joseph et Putiphar.

58 — Ivoire. Bas-relief représentant un Combat de guerriers.

59 — Pitong en ivoire sculpté orné au pourtour d'un bas-relief. Sujet flamand.

60 — Bronze. Groupe représentant David et Goliath.

61 — Bronze. Groupe de trois enfants.

62 — Bronze. Coupes, statuettes, vide-poches et plusieurs objets d'étagères sous ce numéro.

63 — Bronze. Vase de la Chine.

64 — Bronze. Petit brûle-parfums japonais.

65 — Flacon en fer damasquiné or et argent. De style oriental.

66 — Cartel Louis XVI, en bronze doré, modèle à vase et guirlandes.

67 — Corbeille ovale ajourée en ancienne porcelaine de Chine, monture en bronze.

68 — Coq en vieux Chine, émaillé en partie.

69 — Groupe en ancienne porcelaine de Saxe.

70 — Groupe en vieux Saxe.

71 — Plusieurs groupes et figurines en Saxe, sous ce numéro.

BRILLANTS — BIJOUX

72 — Paire de beaux boutons d'oreilles, brillants solitaires.

73 — Jolie broche, fleur de lis en brillants et roses avec émeraude au centre.

74 — Broche formée d'un fuchsia en brillants et roses avec feuillage en or émaillé.

75 — Paire de boutons d'oreilles, composés chacun d'un brillant entouré de neuf brillants.

76 — Une émeraude sur papier.

77 — Porte-mine or, enrichi de roses.

LIVRES — OUVRAGES ILLUSTRÉS

78 — Les Galeries de Rome; les Gloires de la France; Galeries royales d'Angleterre; Histoire des peintres, de Ch. Blanc, quatre volumes. Panthéons; albums de gravures.

ARGENTERIE

79 — Service de table, vingt-quatre couteaux lame acier, vingt-quatre couteaux lame argent; trente-six grandes fourchettes, dix-huit grandes cuillers, trente-six petites cuillers, six pelles, cuillers, fourchettes à hors-d'œuvre, une pince à sucre, deux couteaux à fromage.

80 — Cafetière, théière, sucrier, pot à lait, ancienne cafetière, trois timbales, un poêlon, une tasse avec soucoupe.

MEUBLES

81 — Canapé, fauteuils, sièges, recouverts en soie et en satin; fauteuil garni en ancienne soierie et application.

82 — Sous ce numéro, divers objets, porcelaines, bronzes, etc.

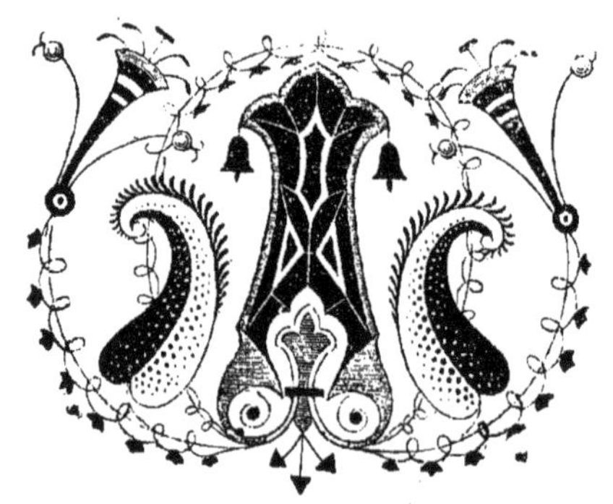

www.ingramcontent.com/pod-product-compliance
Ingram Content Group UK Ltd.
Pitfield, Milton Keynes, MK11 3LW, UK
UKHW020529180726
13839UKWH00005B/2392